The Gematria Dominoes Manual

The Gematria Dominoes Manual by Rabbi Jonathan Rietti

www.BreakthroughChinuch.com
breakthroughchinuch@gmail.com

Ordering Information:
Quantity sales. Special discounts are available on quantity purchases by corporations, associations, and others. For details, contact the publisher at the address above.

ISBN 978-1-943726-22-6

10 9 8 7 6 5 4 3 2 1

1. Religion 2. Education

First Edition

Printed in the United States of America

Gematria Dominoes

Breakthrough Chinuch is proud to introduce the "Gematria Dominoes". The goal of this material is mastery of Hebrew-number equivalents, better known as 'Gematria', where the Hebrew letters themselves have numerical values and are used as numbers.

Knowing Gematria gives the child ability to identify page numbers in the Siddur, and perakim in the Chumash and Tehillim. Later, Gematria will be a key to many hidden depths and insights. Numbers also have a way of engaging and connecting the student to the rich knowledge of our Mesora.

This work is designed for lower elementary (grades 1-3). It is also excellent for upper elementary, middle school, and anyone seeking mastery of Gematria. The work is enjoyable and even older students and adults will be excited and surprised at the challenges that await them.

MATERIALS:

Each unit includes the following:

- 12 cards. On one side, both the right and left face of the card have print.
- 1 card with printing only on the right side and one card with printing only on the left side (These are the first and last cards in the line of dominoes).
- Children's Gematria Tower notebook. (Blank notebook for them to copy the correct domino sequence.)
- Pencil.

UNITS:

- The work is designed in sequence (starting from א and ending with ט).
- The first lesson should be given only after the child has a basic understanding of gematria and a concrete understanding of what numbers are and what numerals represent.
- Units י - א focus on numbers 1-10.
- כ – יא focus on teen numbers with special emphasis on the numbers 15 and 16.
- לא - כא focus on 100, 200, 300, and 400 as well as review.
- Units לח - לב emphasize 1-400 in the units place as well.

- נ - ט focus on math addition & math facts.
- נא - ט focus on common vocabulary words found in Sefer Bereshis

HOW TO PLAY:

- The activity can be done by 1-3 children (all working as a team).
- The card with printing only on the right side and one card with printing only on the left side are located, these are the first and last cards in the line of dominoes.
- The player(s) then try to match the correct left side of the card with the equivalent value on the right side of another card. (hint: many times there are more than one possibility to match, but usually only one card will bring the correct result of all the dominoes lined-up)
- Continue placing cards until all dominoes are correctly lined up in one continuous line.

FOLLOW-UP:

- Children can check their own work after finishing by using the answer key, or another child can check, or the teacher.
- After the work has been checked for accuracy the child can "finish" that unit by copying the correct pattern in their Gematria Tower notebook. (They can check their results against the list at the end of this manyal.)
- After he finishes, the child can chart his/her own progress by checking off that Unit Box on their progress sheet.

גִּימַטְרִיָּא

Dominoes

Name:____________________________________

Completed	Unit
	א
	ב
	ג
	ד
	ה
	ו
	ז
	ח
	ט
	י
	יא
	יב
	יג
	יד
	טו
	טז
	יז
	יח
	יט
	כ
	כא
	כב
	כג
	כד
	כה
	כד
	כה
	כו
	כז
	כח
	כט

Completed	Unit
	ל
	לא
	לב
	לג
	לד
	לה
	לו
	לז
	לח
	לט
	מ
	מא
	מב
	מג
	מד
	מה
	מו
	מז
	מח
	מט
	נ
	נא
	נב
	נג
	נד
	נה
	נו
	נז
	נח
	נט
	ס

Gematria Chart

1	א
2	ב
3	ג
4	ד
5	ה
6	ו
7	ז
8	ח
9	ט
10	י
20	כ
30	ל
40	מ
50	נ
60	ס
70	ע
80	פ
90	צ
100	ק
200	ר
300	ש
400	ת

א ז	א 7 ה
א 5 א	א 1 ג
א 3 ט	א 9 ד
א 4 ב	א 2 ז
א 7 י	א 10 ו
א 6 ח	א 8 ט
א 9 ח	א 8

ב

ב

ב

2 ה

ב

5 א

ב

1 ב

ב

2 ג

ב

3 ו

ב

6 ד

ב

4 ג

ב

3 ז

ב

7 ח

ב

8 ג

ב

3 י

ב

10 ד

ב

4

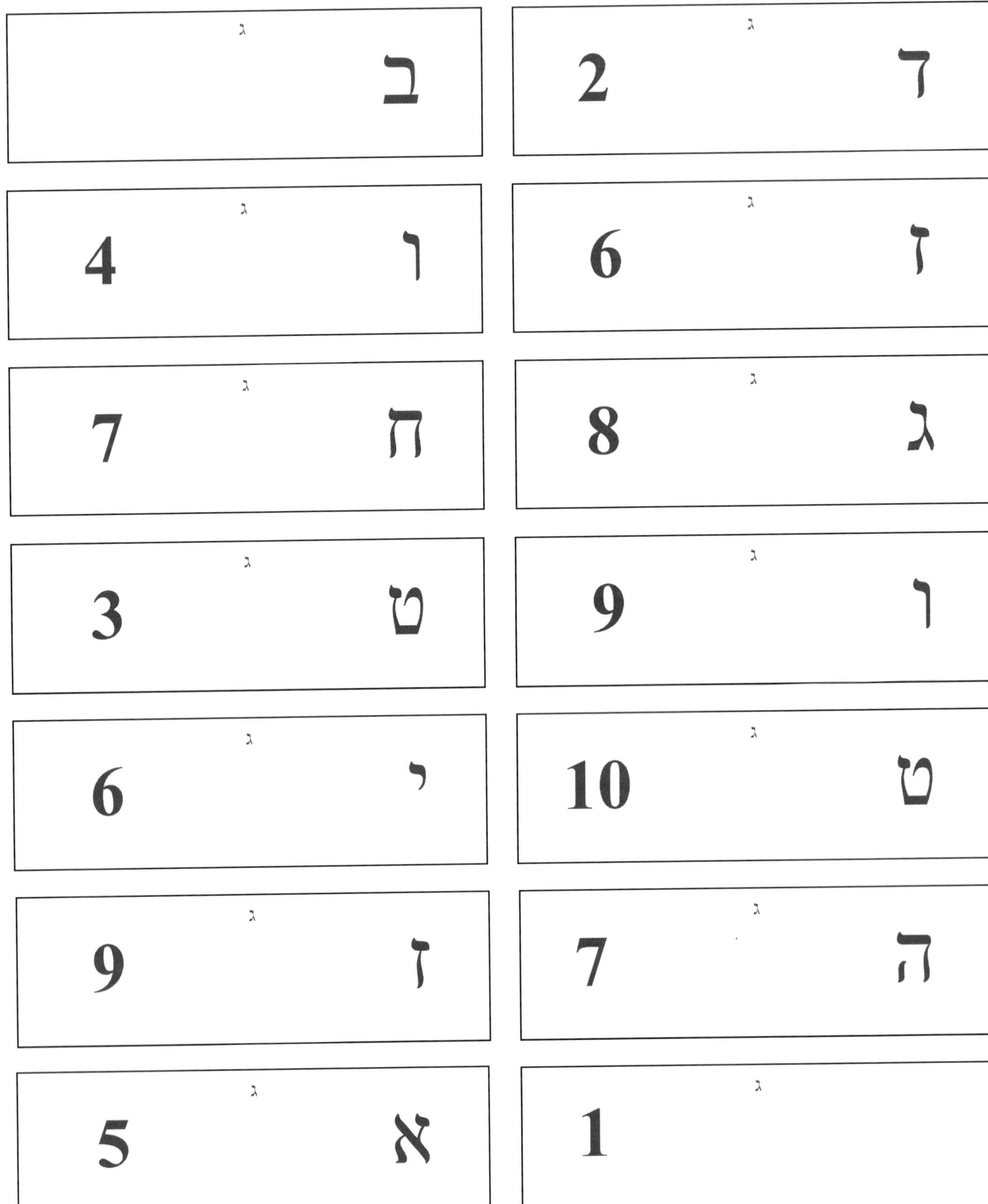
ג
ב
ג
2
ד
ג
4
ו
ג
6
ז
ג
7
ח
ג
8
ג
ג
3
ט
ג
9
ו
ג
6
י
ג
10
ט
ג
9
ז
ג
7
ה
ג
5
א
ג
1

Unit ד

Unit ה

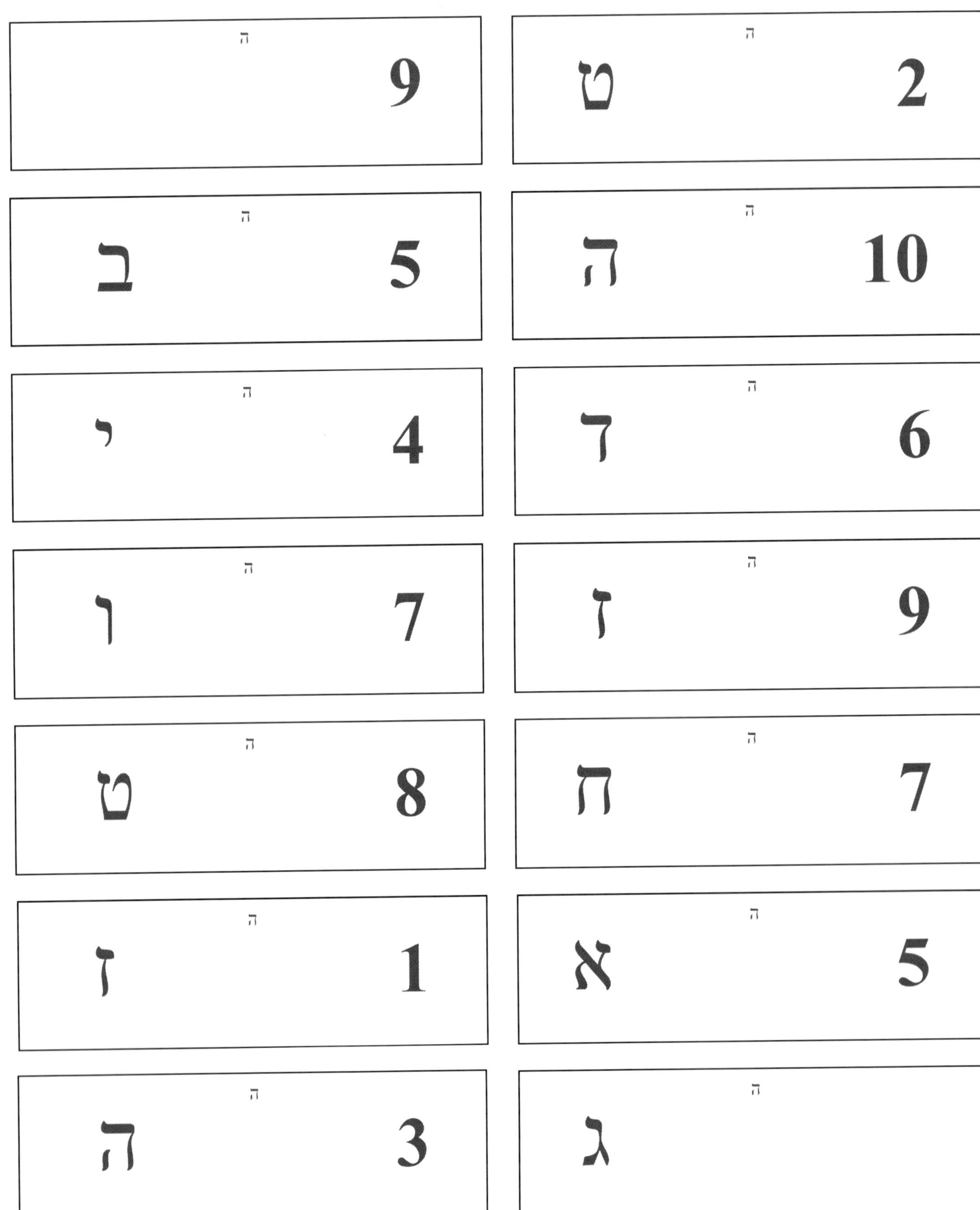

Card	Card
3	1 ג
8 א	6 ח
2 ו	10 ב
4 י	2 ד
9 ב	7 ט
3 ז	4 ג
5 ד	ה

ז
7
ז
ז 5
ז
ה 3
ז
ג 8
ז
ח 7
ז
ז 8
ז
ח 6
ז
ו 5
ז
ה 7
ז
ז 8
ז
ח 3
ז
ג 9
ז
ט 4
ז
ד

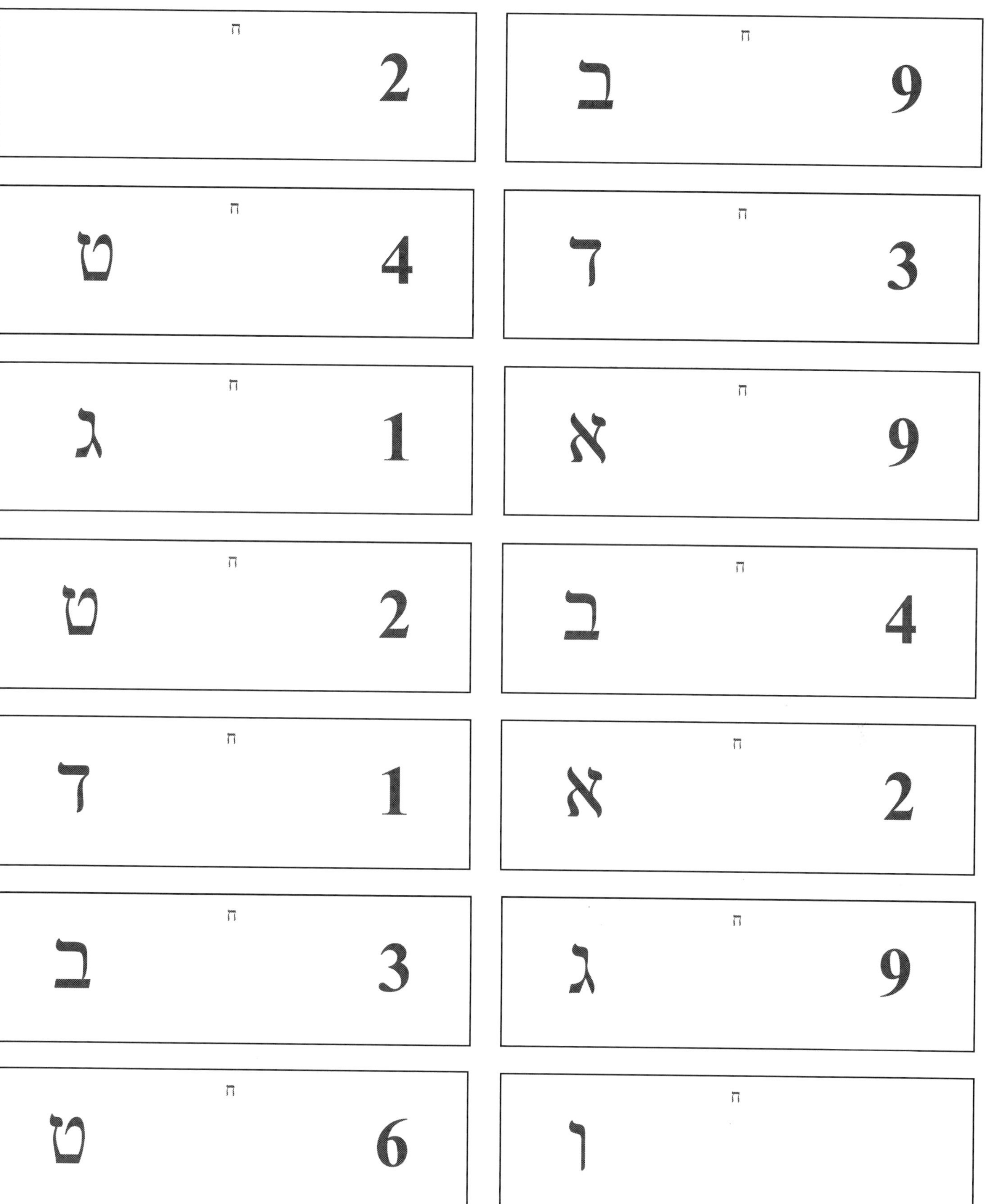
ח
2
ח
ב
9
ח
ט
4
ח
ד
3
ח
ג
1
ח
א
9
ח
ט
2
ח
ב
4
ח
ד
1
ח
א
2
ח
ב
3
ח
ג
9
ח
ט
6
ח
ו

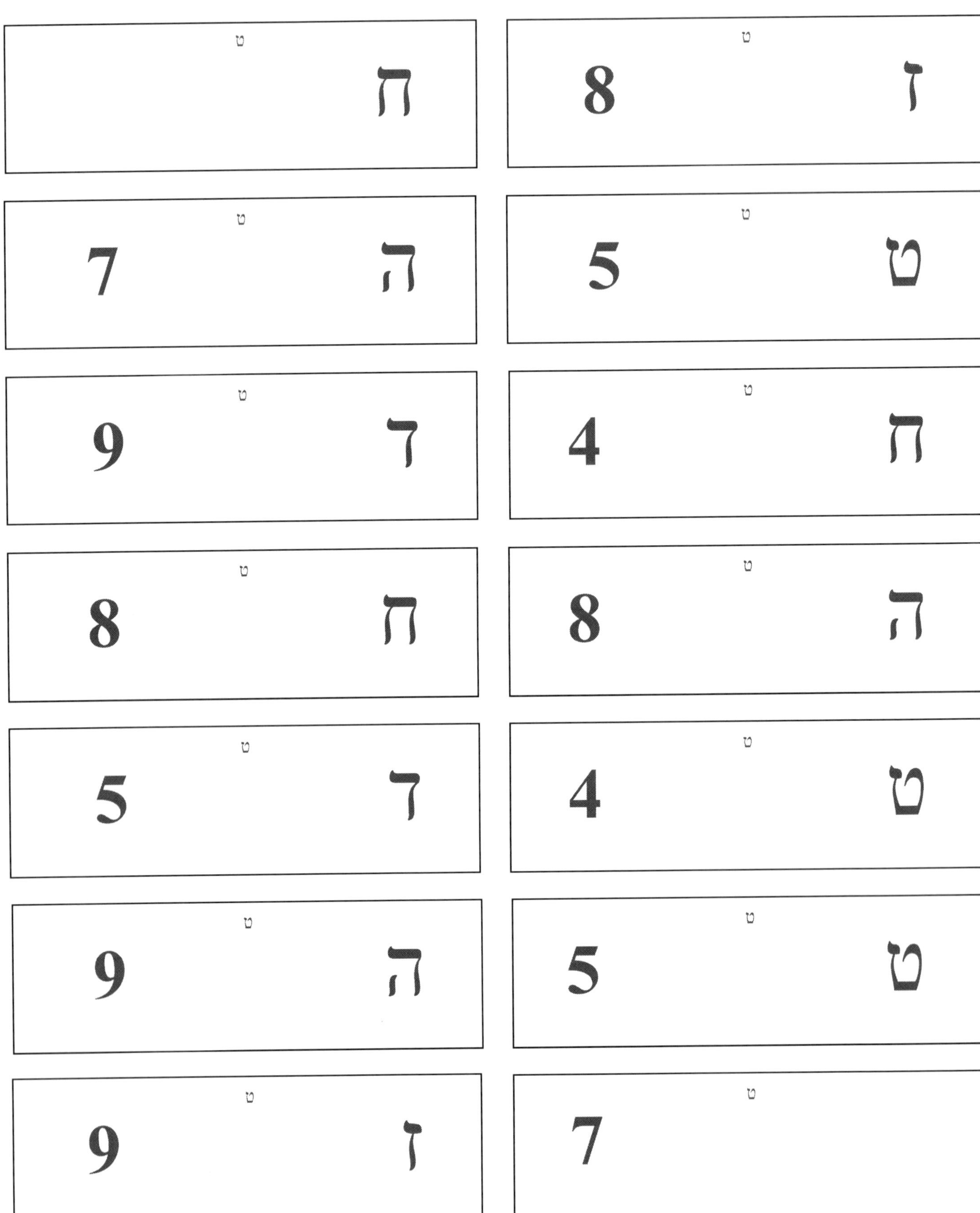
ט ח
ט ז 8
ט ה 7
ט ט 5
ט ד 9
ט ח 4
ט ח 8
ט ה 8
ט ד 5
ט ט 4
ט ה 9
ט ט 5
ט ז 9
ט 7

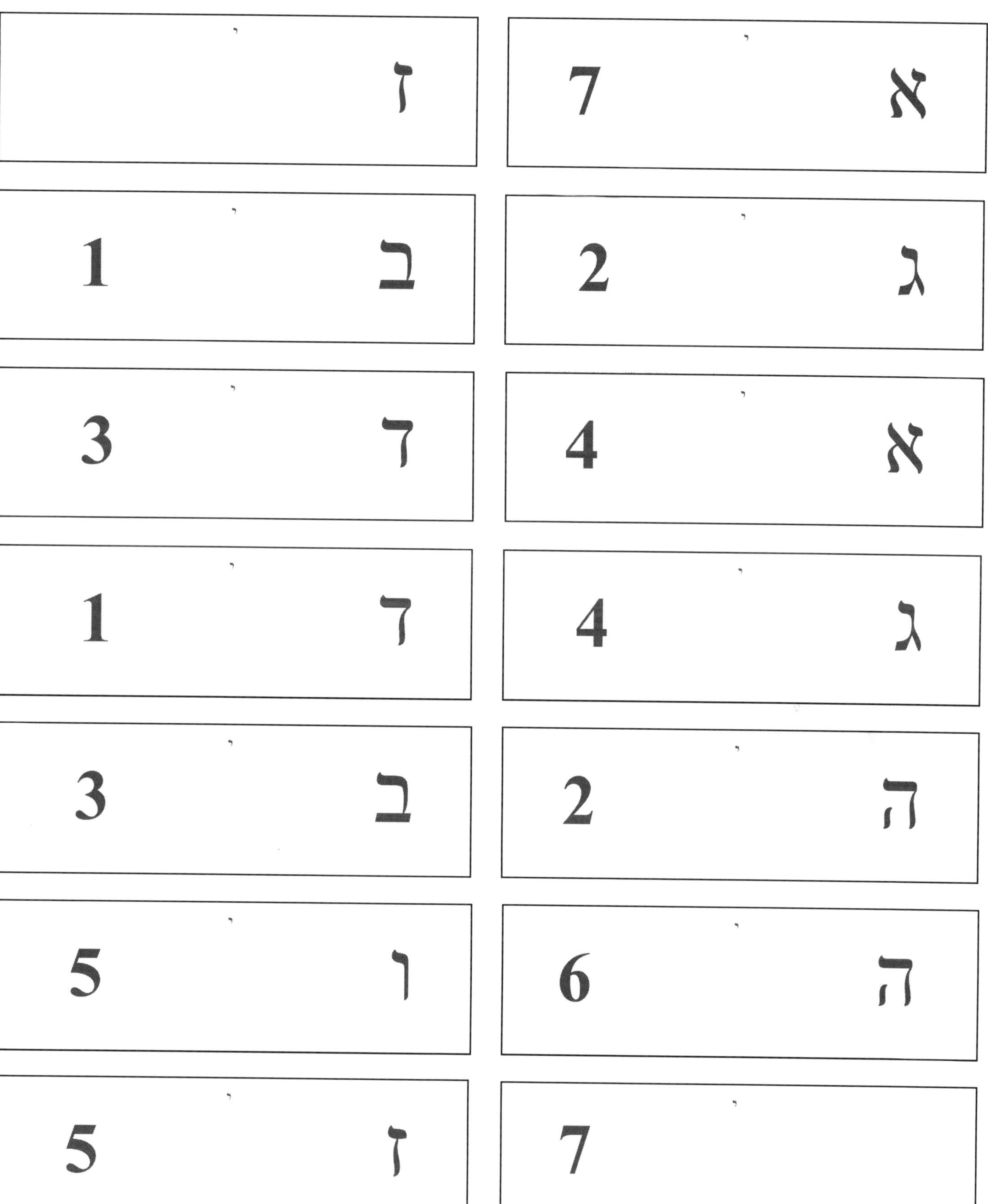
ז
7
א
1
ב
2
ג
3
ד
4
א
1
ד
4
ג
3
ב
2
ה
5
ו
6
ה
5
ז
7

יא טו 15	יא טו
יא ח 17	יא יז 15
יא טו 14	יא יד 8
יא י 16	יא טז 15
יא יא 13	יא יג 10
יא ז 15	יא טו 11
יא 16	יא טז 7

Left card	Right card
יב טז	יב ו 16
יב טו 6	יב טז 15
יב ח 16	יב יז 8
יב ט 17	יב טו 9
יב יט 15	יב ה 19
יב יח 5	יב יט 18
יב טו 19	יב 15

Unit יג

יג ט	יג יט 9
יג טז 19	יג טו 16
יג ה 15	יג טו 5
יג טו 15	יג יג 15
יג טז 13	יג יז 16
יג טו 17	יג יב 15
יג יז 12	יג 17

Unit יד

יד 8	יד ח 14
יד יד 12	יד יב 19
יד יט 17	יד יז 12
יד יב 10	יד י 8
יד ח 6	יד ו 11
יד יא 13	יד יג 14
יד יד 18	יד יח

Unit טו

טו 6	טו ו 16
טו טז 5	טו ה 19
טו יט 15	טו טו 16
טו טז 18	טו יח 15
טו טו 19	טו יט 13
טו יג 17	טו יז 16
טו טז 16	טו טז

Unit טז

טז 15	טז 7 טו
טז 16 ז	טז 3 טז
טז 19 ג	טז 16 יט
טז 18 טז	טז 17 יח
טז 12 יז	טז 15 יב
טז 12 טו	טז 17 יב
טז 10 יז	טז י

יז יט 16	יז טז
יז טו 17	יז יז 19
יז טו 16	יז טז 15
יז יט 17	יז יז 14
יז יד 16	יז טז 19
יז יח 15	יז טו 14
יז 15	יז טו 18

Unit יח

יח — יח

יח — 18 טז

יח — 16 יג

יח — 13 טז

יח — 16 יג

יח — 13 י

יח — 10 טו

יח — 15 י

יח — 10 טז

יח — 16 יח

יח — 18 טו

יח — 15 יב

יח — 12 יג

יח — 13

יט 11
יט 17 יא
יט 10 יז
יט 15 י
יט 11 טו
יט 12 יא
יט 15 יב
יט 12 טו
יט 10 יב
יט 17 י
יט 15 יז
יט 11 טו
יט 19 יא
יט יט

כ 15	כ 17 טו
כ 16 יז	כ 12 טז
כ 16 יב	כ 13 טז
כ 15 יג	כ 12 טו
כ 14 יב	כ 14 יד
כ 17 יד	כ 19 יז
כ 14 יט	כ יד

כא נ 10

כא י

כא כ 40

כא מ 50

כא ל 50

כא נ 20

כא נ 30

כא ל 30

כא מ 20

כא כ 50

כא י 50

כא נ 40

כא 40

כא מ 10

Unit כב

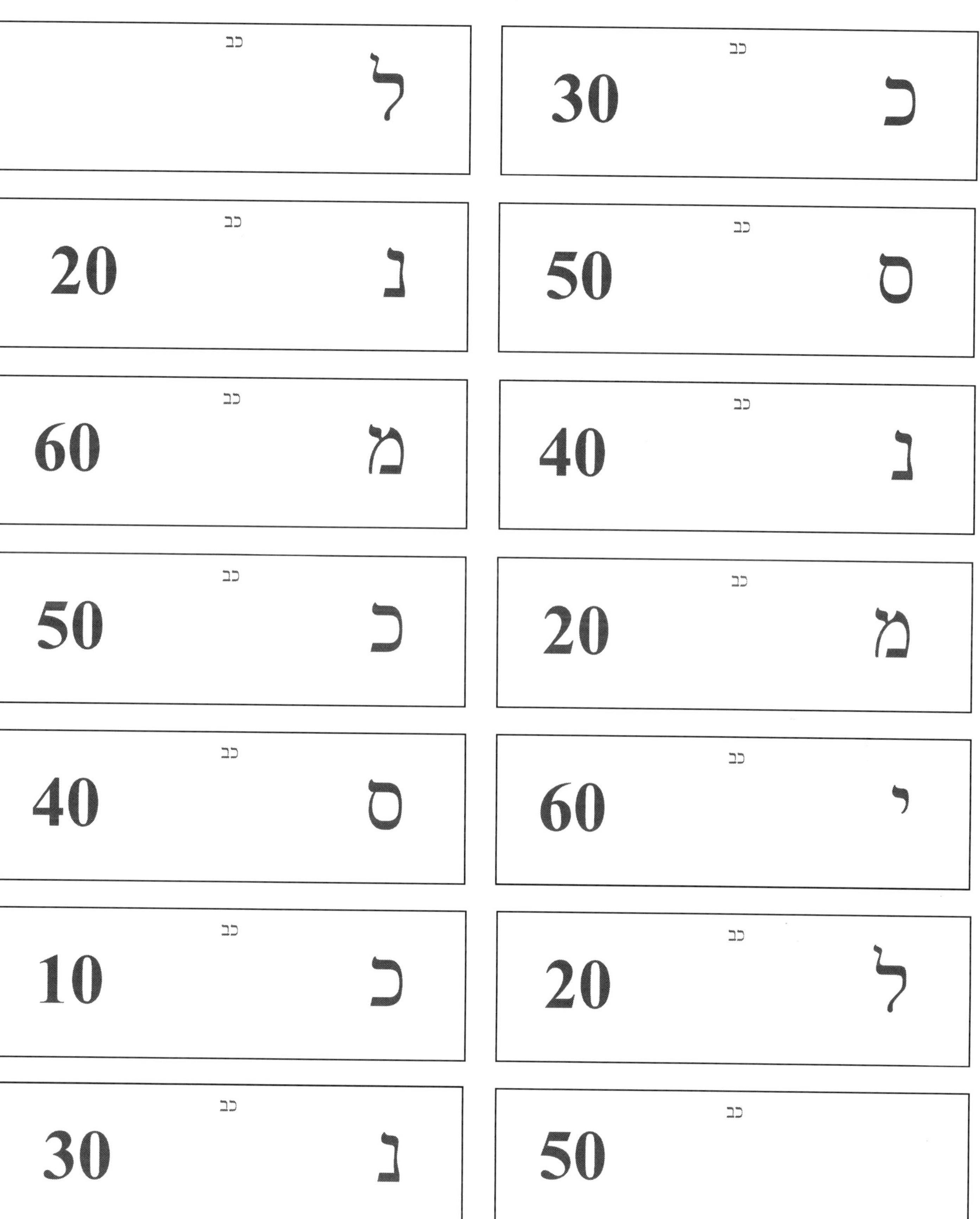

כב
ל
כב
30
כ
כב
20
נ
כב
50
ס
כב
60
מ
כב
40
נ
כב
50
כ
כב
20
מ
כב
40
ס
כב
60
י
כב
10
כ
כב
20
ל
כב
30
נ
כב
50

Unit כג

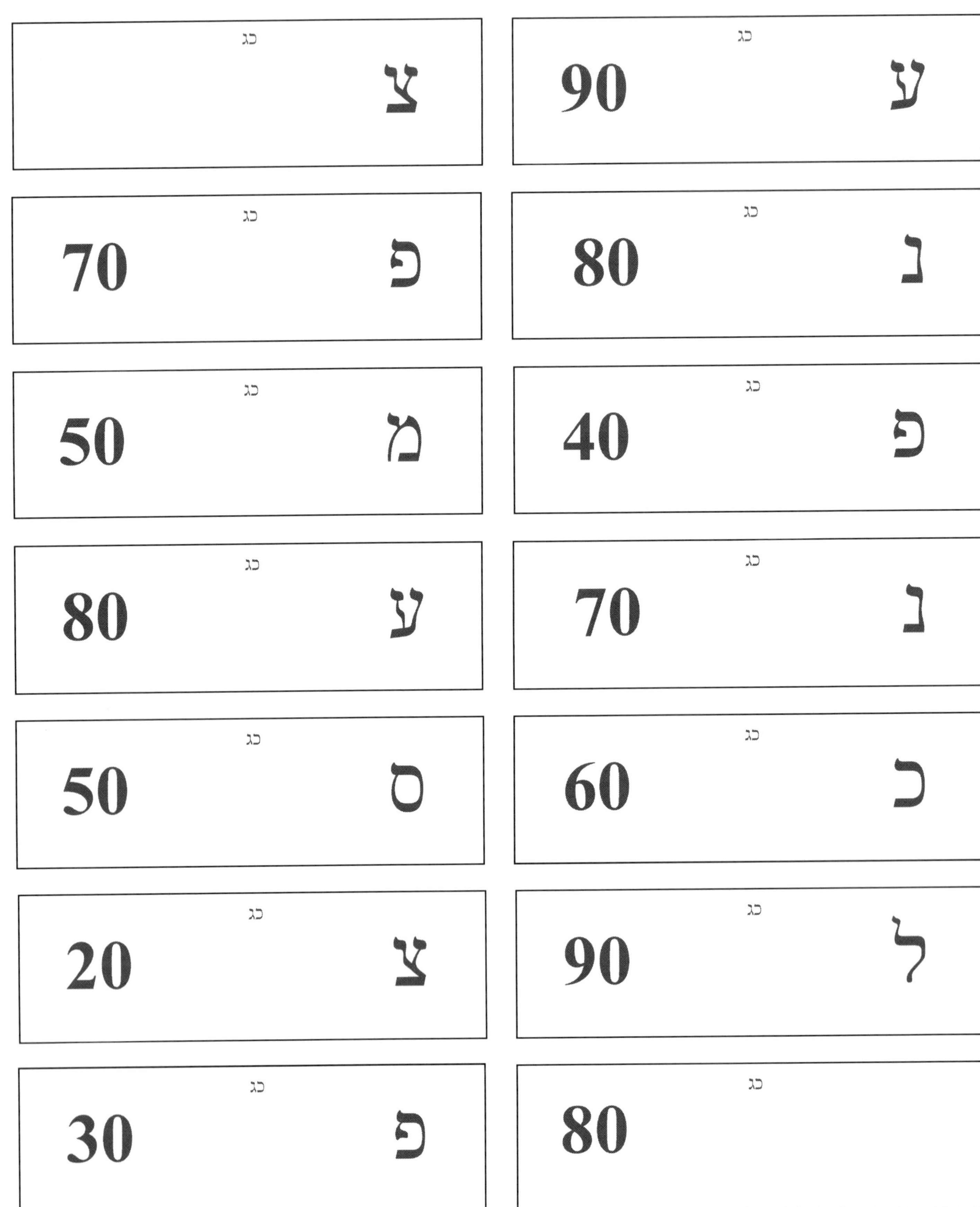

כג
ע
90
כג
צ
כג
נ
80
כג
פ
70
כג
פ
40
כג
מ
50
כג
נ
70
כג
ע
80
כג
כ
60
כג
ס
50
כג
ל
90
כג
צ
20
כג
80
כג
פ
30

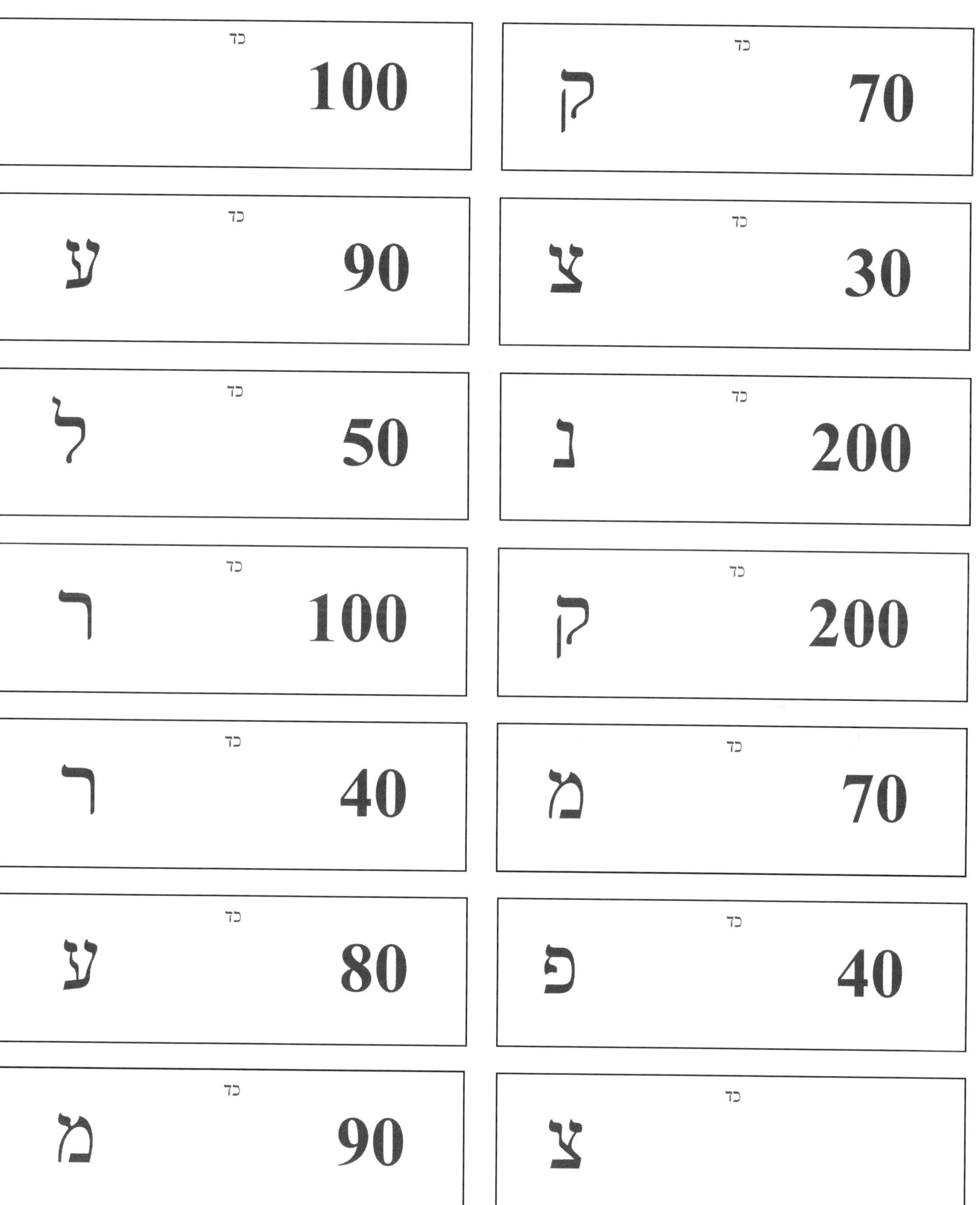
כד 100
כד 70 ק
כד 90 ע
כד 30 צ
כד 50 ל
כד 200 נ
כד 100 ר
כד 200 ק
כד 40 ר
כד 70 מ
כד 80 ע
כד 40 פ
כד 90 מ
כד צ

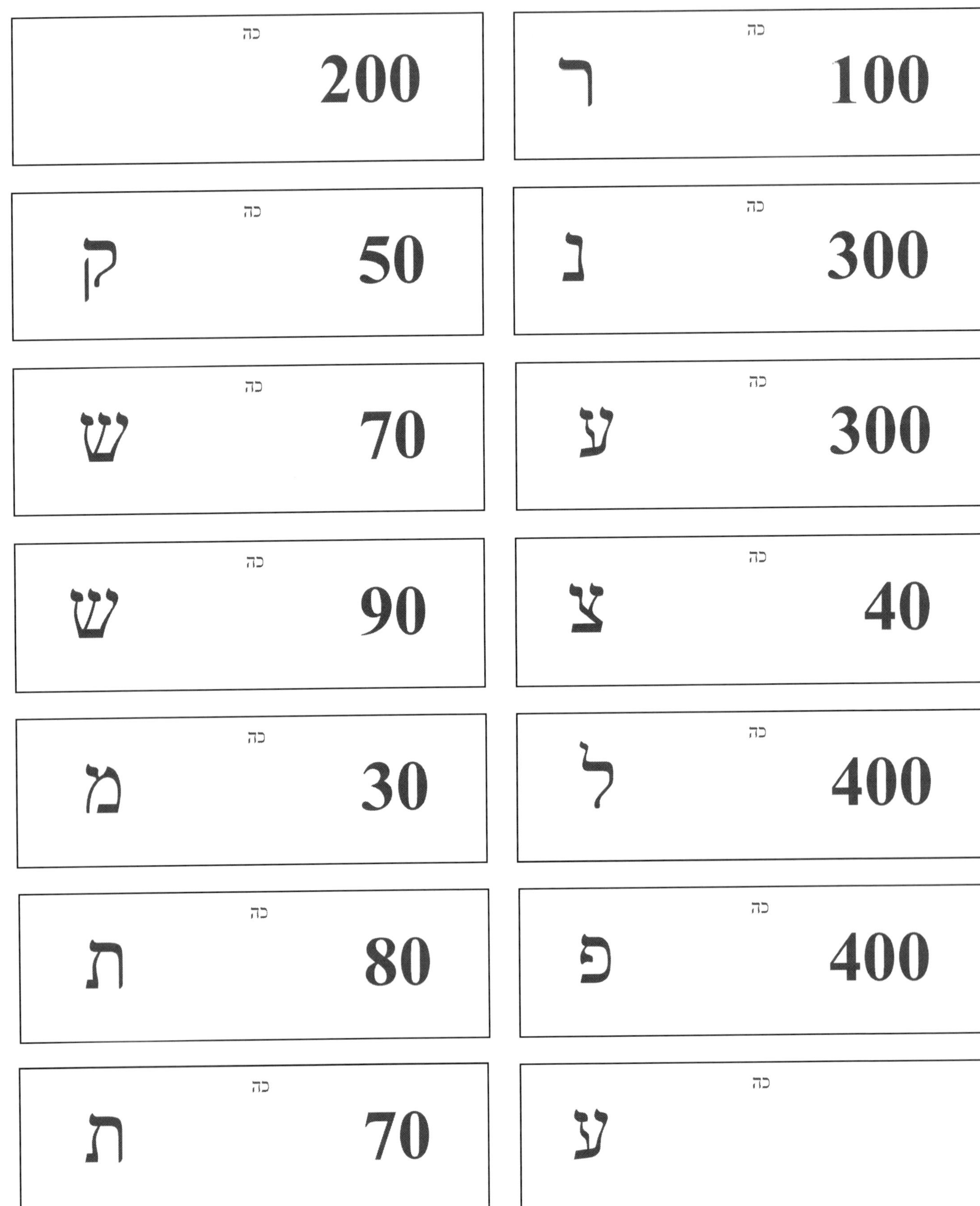
כה
200
כה
100
ר
כה
50
ק
כה
300
נ
כה
70
ש
כה
300
ע
כה
90
ש
כה
40
צ
כה
30
מ
כה
400
ל
כה
80
ת
כה
400
פ
כה
70
ת
כה
ע

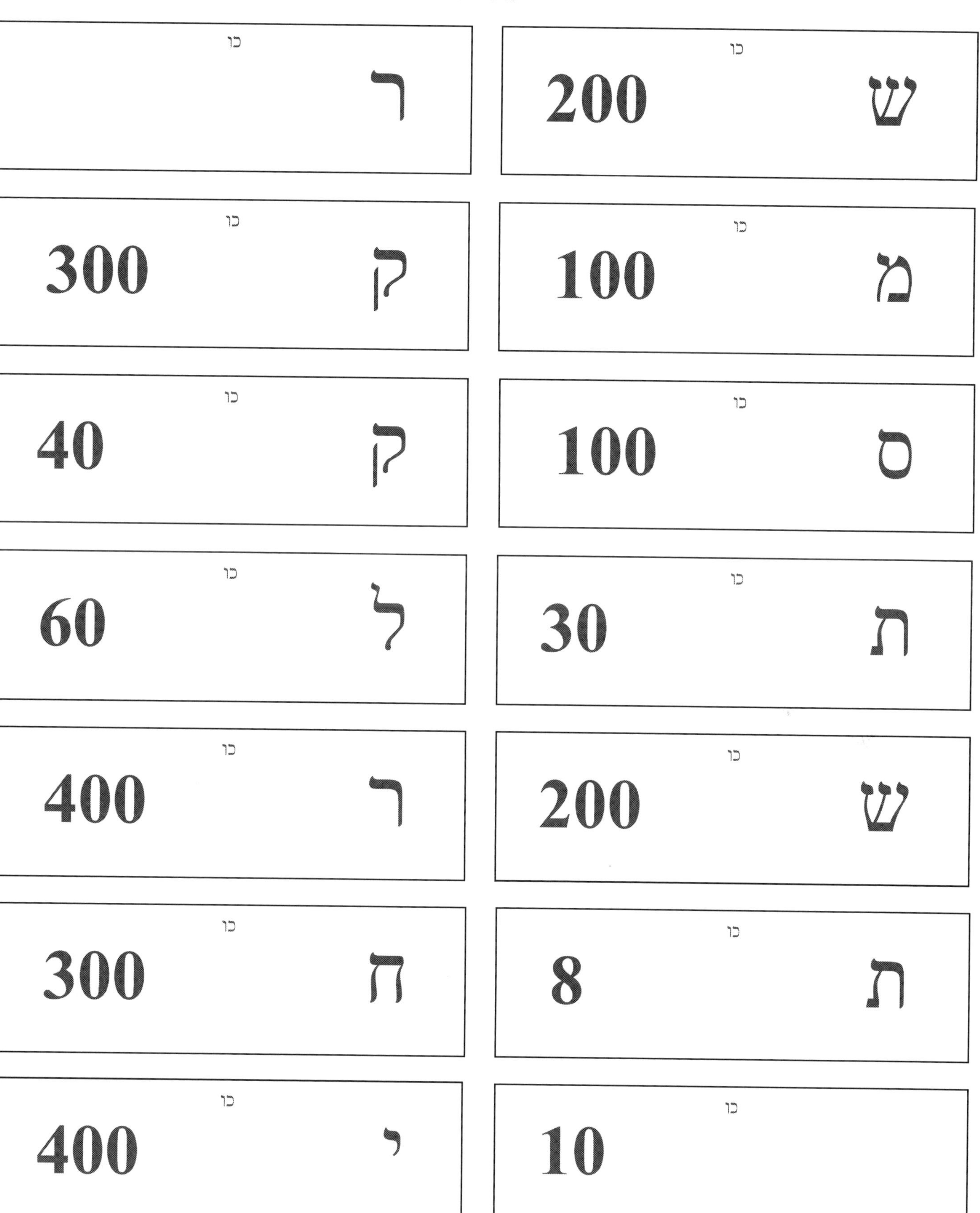

כו	כו
ר	200 ש
300 ק	100 מ
40 ק	100 ס
60 ל	30 ת
400 ר	200 ש
300 ח	8 ת
400 י	10

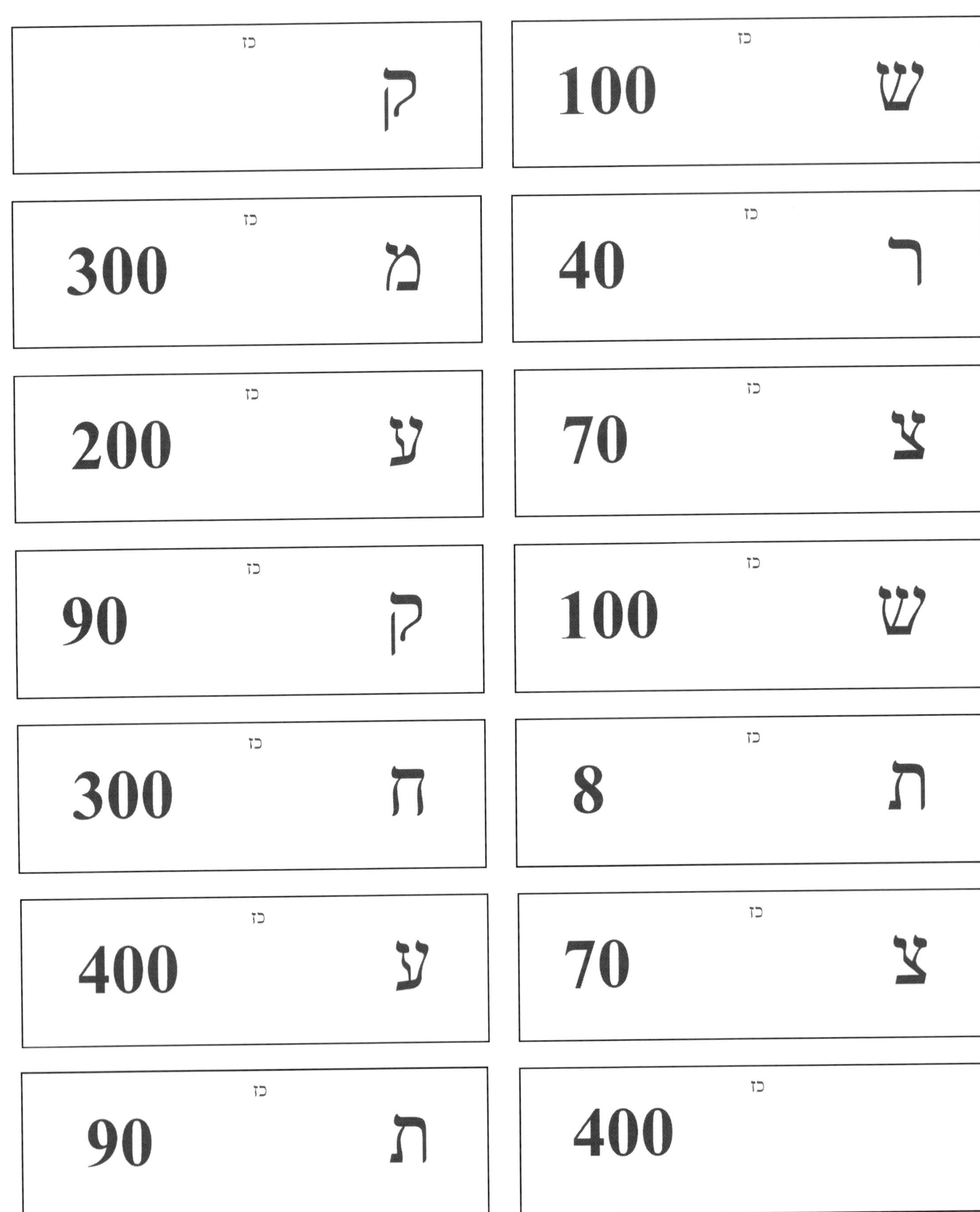
כז
ש
100
כז
ק
כז
ר
40
כז
מ
300
כז
צ
70
כז
ע
200
כז
ש
100
כז
ק
90
כז
ת
8
כז
ח
300
כז
צ
70
כז
ע
400
כז
400
כז
ת
90

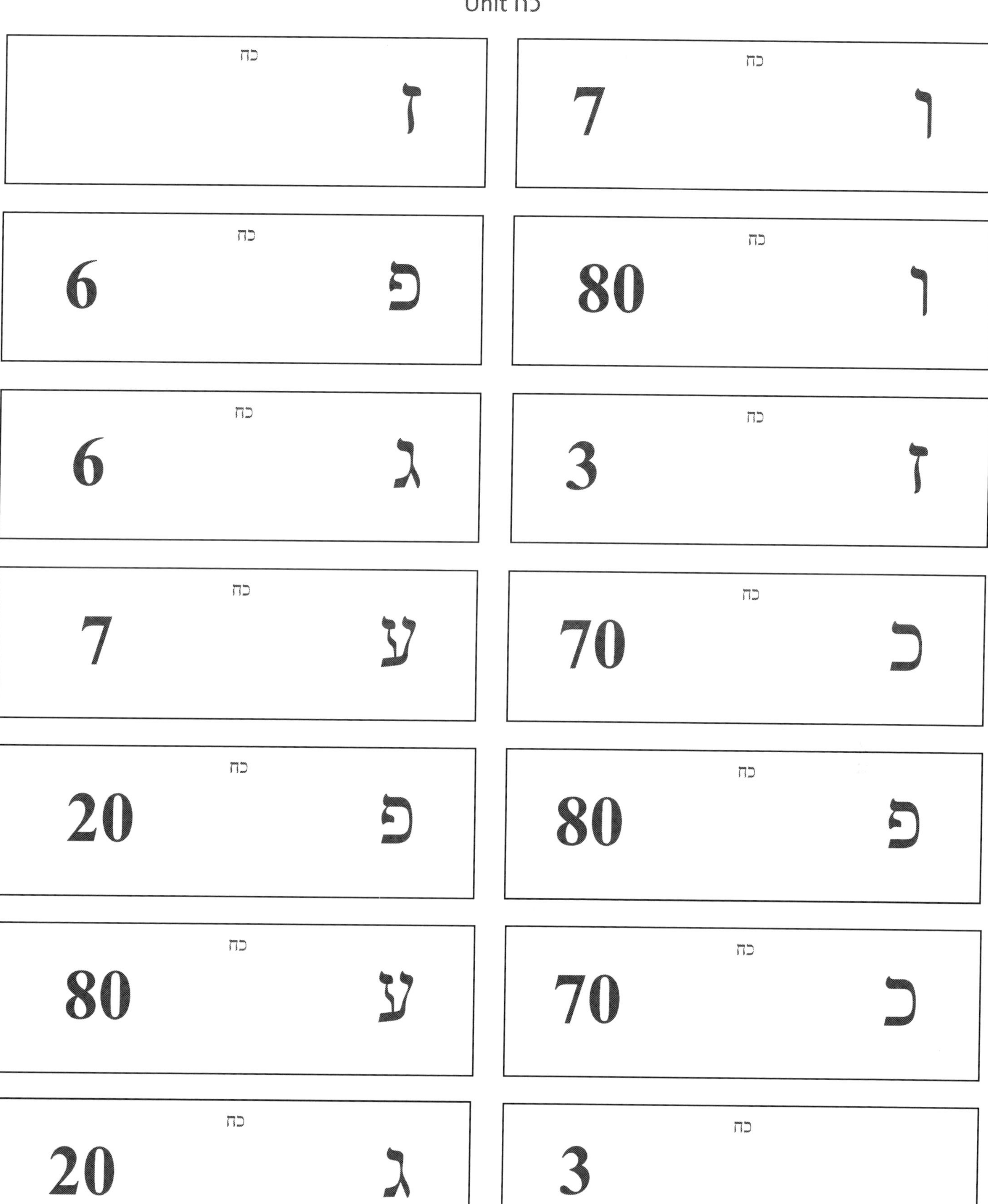
כח
ז
כח
ו 7
כח
פ 6
כח
ו 80
כח
ג 6
כח
ז 3
כח
ע 7
כח
כ 70
כח
פ 20
כח
פ 80
כח
ע 80
כח
כ 70
כח
ג 20
כח
3

Unit כט

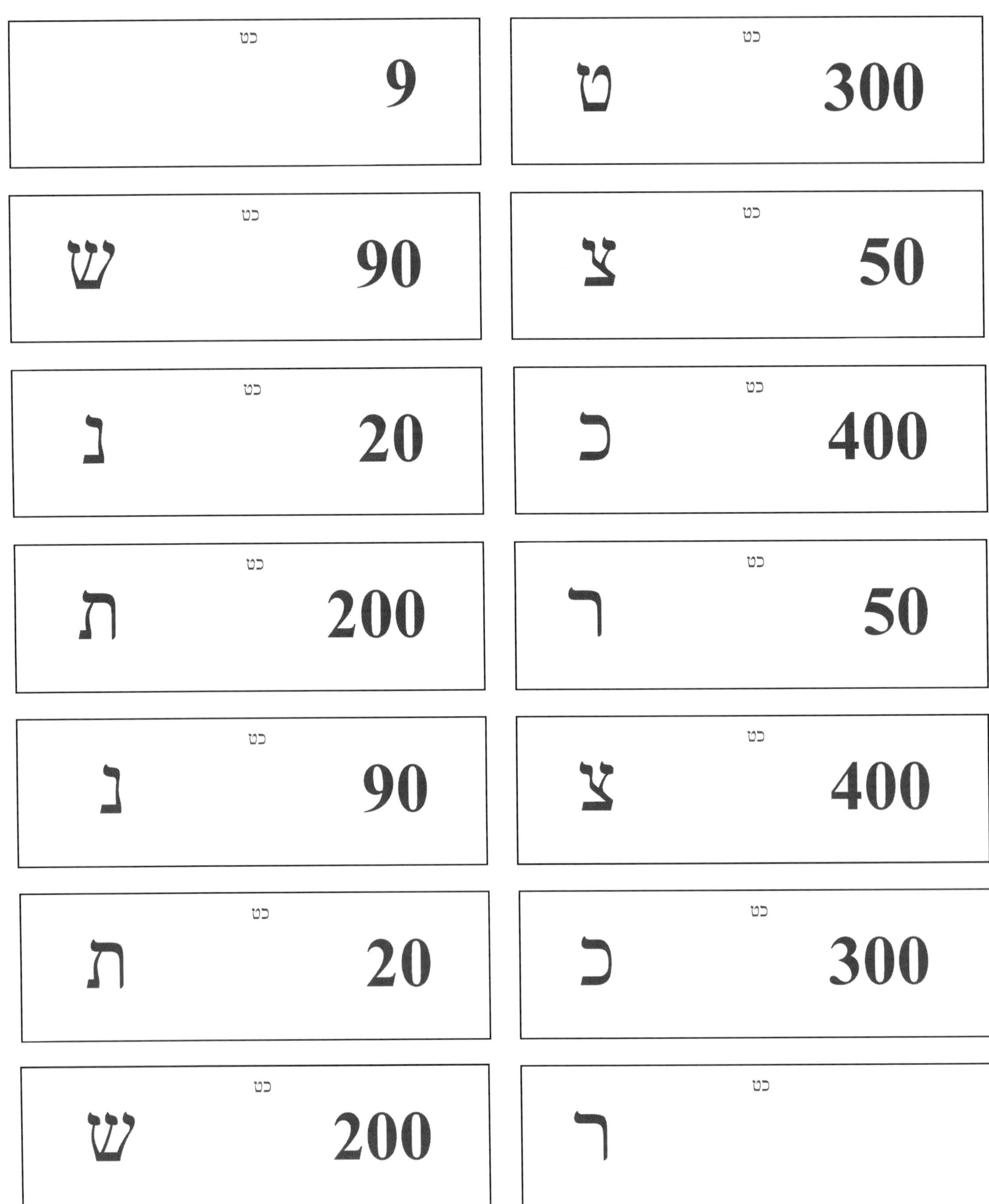

כט
9
כט
300 ט
כט
90 ש
כט
50 צ
כט
20 נ
כט
400 כ
כט
200 ת
כט
50 ר
כט
90 נ
כט
400 צ
כט
20 ת
כט
300 כ
כט
200 ש
כט
ר

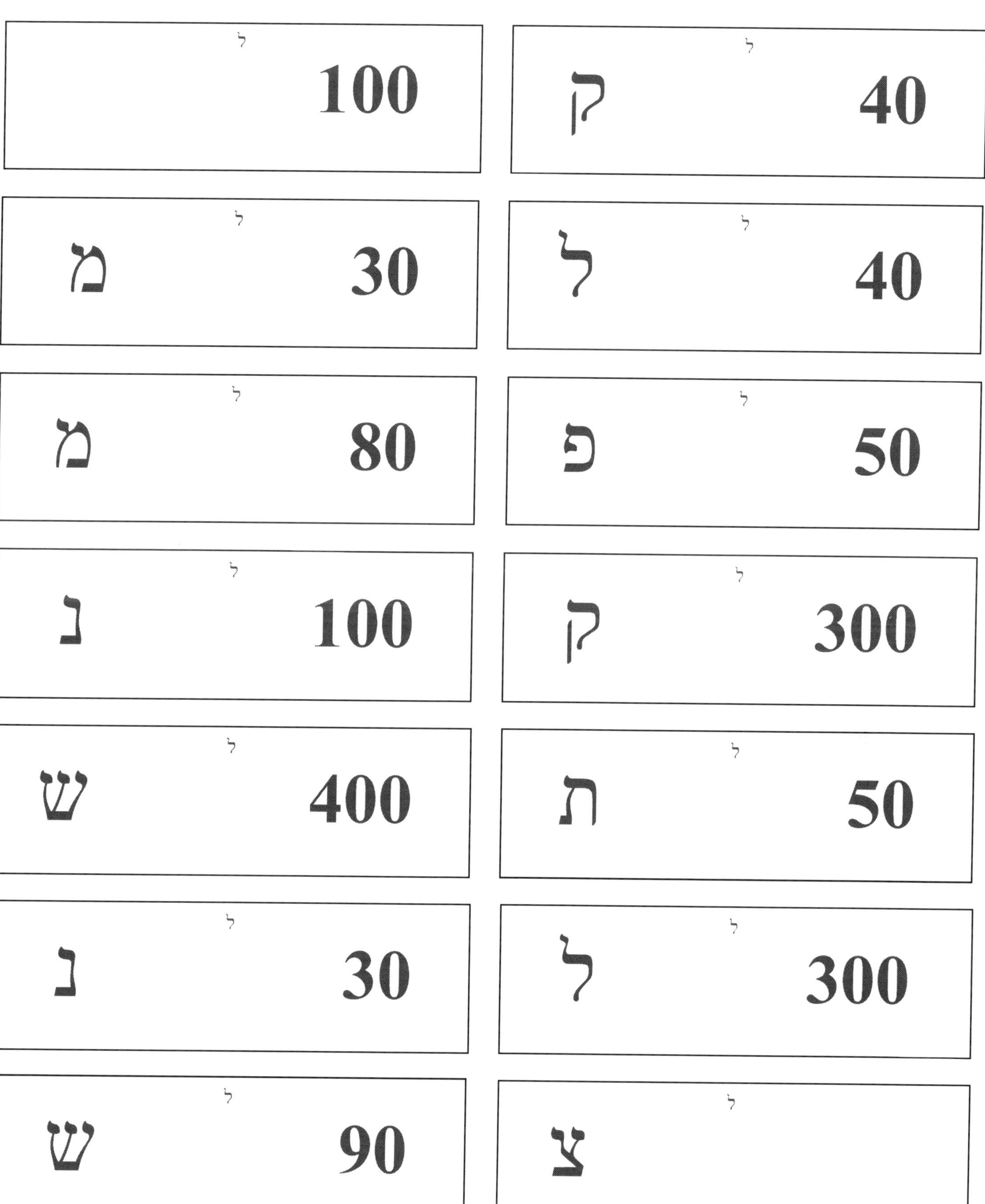
ל
100
ל
ק 40
ל
מ 30
ל
ל 40
ל
מ 80
ל
פ 50
ל
נ 100
ל
ק 300
ל
ש 400
ל
ת 50
ל
נ 30
ל
ל 300
ל
ש 90
ל
צ

Unit לא

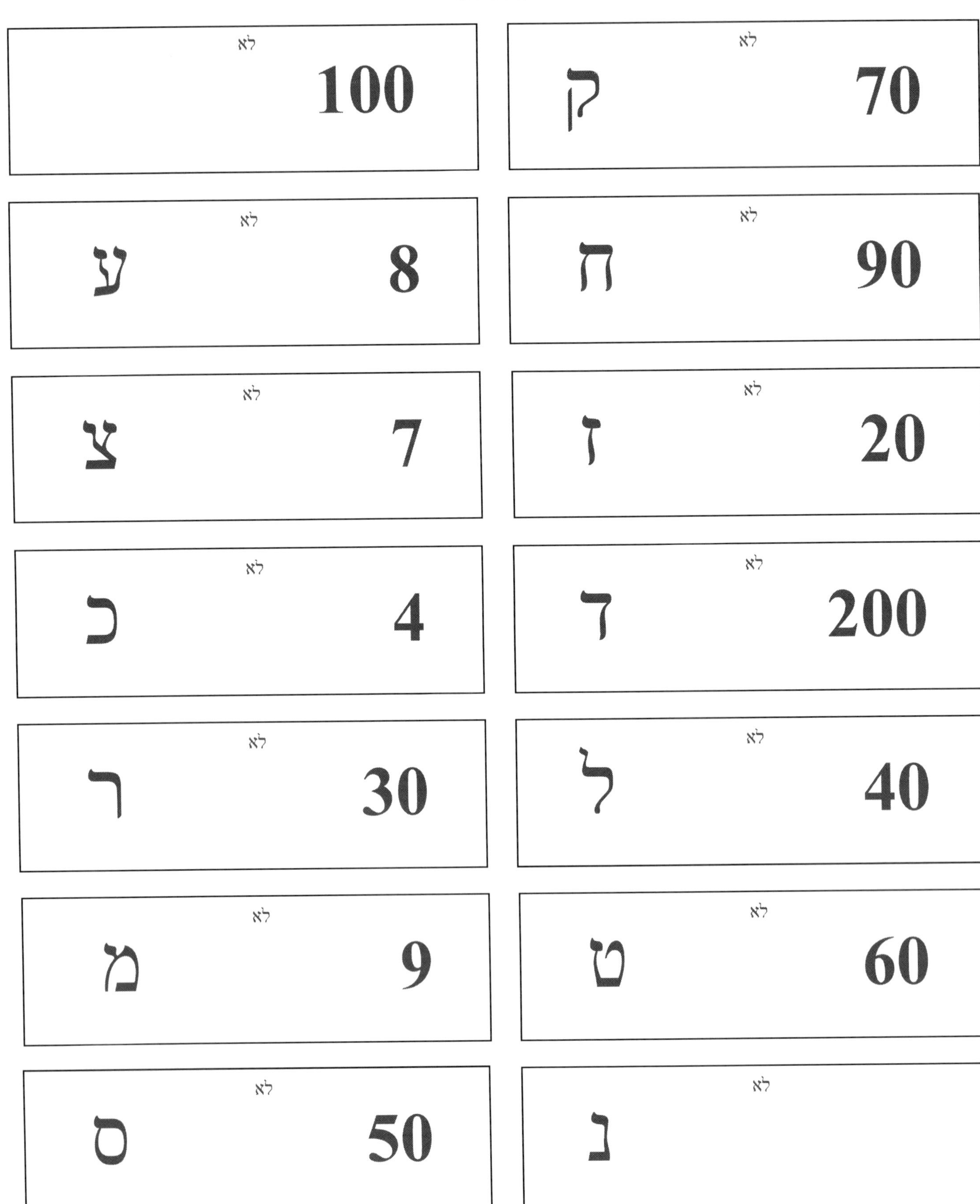

לא
100
לא
ק
70
לא
ע
8
לא
ח
90
לא
צ
7
לא
ז
20
לא
כ
4
לא
ד
200
לא
ר
30
לא
ל
40
לא
מ
9
לא
ט
60
לא
ס
50
לא
נ

Unit לב

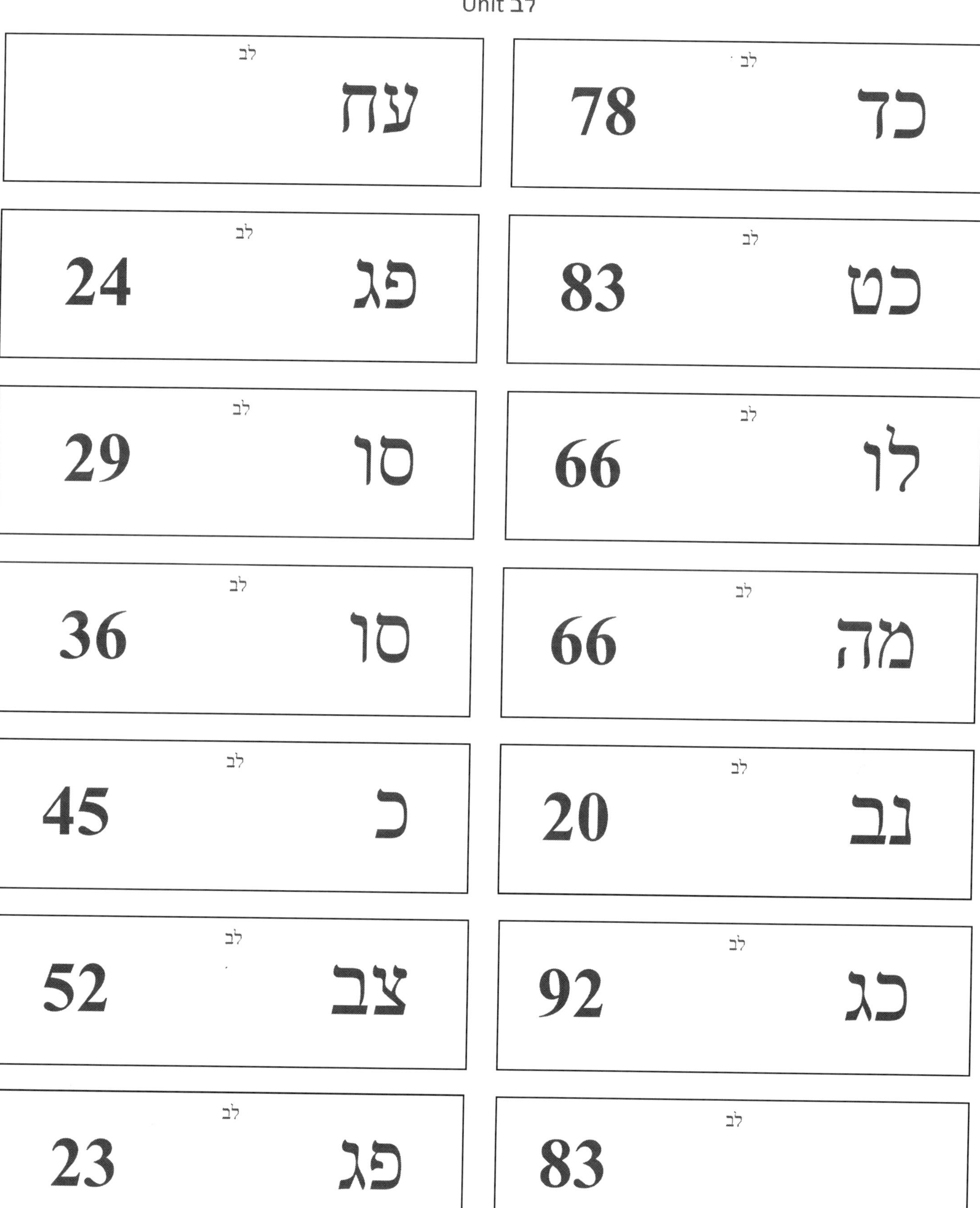

לב
כד 78
לב
עח
לב
כט 83
לב
פג 24
לב
לו 66
לב
סו 29
לב
מה 66
לב
סו 36
לב
נב 20
לב
כ 45
לב
כג 92
לב
צב 52
לב
83
לב
פג 23

Unit לג

Card (right)		Card (left)	
לג		לג	
עו	75	עה	
לג		לג	
מג	16	טז	76
לג		לג	
עו	72	עב	43
לג		לג	
צד	15	טו	76
לג		לג	
כח	67	סז	94
לג		לג	
טו	16	טז	28
לג		לג	
	67	סז	15

לד 43 צח	לד מג
לד 75 יז	לד 98 עה
לד 38 פד	לד 17 לח
לד 62 יז	לד 84 סב
לד 43 נח	לד 17 מג
לד 75 צח	לד 58 עה
לד 39	לד 15 לט

לה	לה
67 נב	52
207 שח	308 סז
67 צג	93 רז
404 קא	101 סז
207 נב	52 תד
79 טו	15 רז
טו	15 עט

לו 283 קכד	לו 124
לו 91 יז	לו 17 רפג
לו 55 קכד	לו 124 צא
לו 283 תע	לו 470 נה
לו 66 יז	לו 17 רפג
לו 91 תע	לו 470 סו
לו פא	לו 81 צא

לז 37	לז 46 לז
לז 159 מו	לז 67 קנט
לז 159 סז	לז 322 קנט
לז 35 שכב	לז 246 לה
לז 233 רמו	לז 68 רלג
לז 447 סח	לז 322 תמז
לז 447 שכב	לז תמז

לח	לח
473	תעג 215
רטו 95	צה 16
טז 296	רצו 274
רעד 85	פה 15
טו 196	קצו 310
שי 95	צה 473
תעג 386	שפו

Card	Letter	Sum
לט		2+3
לט	ה	8+7
לט	טו	4+7
לט	יא	10+5
לט	טו	2+4
לט	ו	11+5
לט	טז	3+9
לט	יב	9+7
לט	טז	12+2
לט	יד	4+3
לט	ז	12+2
לט	יד	2+1
לט	ג	14+2
לט	טז	

מ 8+7	מ טו 8+4
מ יב 7+8	מ טו 3+5
מ ח 3+4	מ ז 4+8
מ יב 4+3	מ ז 3+3
מ ו 9+7	מ טז 7+7
מ יד 7+9	מ טז 8+8
מ טז 9+0	מ ט

מא 6+6	מא 9+7 יב
מא 7+4 טז	מא 8+8 יא
מא 7+2 טז	מא 3+9 ט
מא 3+12 יב	מא 1+5 טו
מא 5+9 ו	מא 7+3 יד
מא 6+3 י	מא 2+8 ט
מא 8+4 י	מא יב

Unit מב

מב ז	מב 4+3 טו
מב 8+7 יח	מב 9+9 ה
מב 3+2 יז	מב 10+7 ה
מב 5+0 יח	מב 12+6 טו
מב 6+9 יז	מב 9+8 ח
מב 4+4 ז	מב 6+1 ח
מב 6+2 ה	מב 3+2

מג	
ג	7+4

מג	
יא	

מג	
טו	6+5

מג	
יא	2+1

מג	
טו	12+4

מג	
טז	7+8

מג	
יג	3+2

מג	
ה	9+6

מג	
טו	8+8

מג	
טז	7+6

מג	
יח	3+5

מג	
ח	5+10

מג	
	5+5

מג	
י	9+9

מד	מד
ז 3+2	ה
טז 2+7	ט 5+2
יא 4+1	ה 8+8
יא 4+4	ח 4+7
טז 9+8	יז 10+1
ז 5+3	ח 9+7
8+1	ט 3+4

מה

ו

ה+י

מה

טו

מה

יא

ג+א

מה

ד

ב+ד

מה

טז

ח+ט

מה

יז

ד+ז

מה

ו

א+ד

מה

ה

י+ו

מה

יח

ו+ט

מה

טו

ג+ג

מה

יא

ב+ב

מה

ד

ט+ט

מה

י+ז

מה

יז

ז+ד

מו	מו
ה ה+ט	יד
טז ז+ה	יב ב+ג
ו ח+ו	יד ו+י
טז ו+ט	טו ד+ב
ח ד+א	ה ז+ט
ו ה+י	טו ד+ד
ח+ד	יב ב+ד

מז ו+ה יד	מז ז+ז
מז ג+ה ז	מז ו+א יא
מז ט+ח יד	מז ח+ו ח
מז ה+ו טז	מז ט+ז יז
מז ד+ה ז	מז ג+ד יא
מז ב+ה יד	מז ט+ה ט
מז ט	מז ד+ה ז

מח | א+ג | טז

מח | י+ו

מח | ה+ו | יז

מח | ט+ח | ד

מח | ז+ה | טז

מח | ח+ח | יא

מח | ג+ד | ח

מח | ד+ד | יב

מח | א+ו | ח

מח | ה+ג | ז

מח | ב+ב | טז

מח | ו+י | ז

מח | טו

מח | י+ה | ד

Unit מט

מט ו+ו יד	מט ו+ח
מט ח+ח ט	מט ו+ג יב
מט ה+ז טז	מט ט+ז טז
מט ה+ד טו	מט ח+ז יב
מט ה+ט טז	מט י+ו ט
מט ז+ח טו	מט ו+ט יד
מט יד	מט ט+ה טו

נ	נ
יא ב+ז	ט
ז ב+ג	ה ד+ז
יז ח+י	יח ו+א
ז ד+ח	יב ט+ח
יז ז+ח	טו ב+ה
יא ה+י	טו ז+י
ז+ט	טז ב+ט

נא
דָם 110

נא
עָם

נא
אָח 21

נא
אַךְ 44

נא
יָד 32

נא
לֵב 9

נא
חַי 110

נא
עִם 14

נא
עַד 58

נא
חֵן 18

נא
בֵן 470

נא
עֵת 74

נא
85

נא
פֶּה 52

נב	נב
יָם 45	הֵם
כֹּל 43	גַּם 50
אֶל 130	פֶּן 50
אֵל 41	אֵם 31
כֵּן 3	אַב 31
לֹא 90	מִן 70
30	כִּי 31

נג **50** יָכוֹל	נג **66**
נג **61** עָבֹד	נג **76** יָם
נג **60** אַיִל	נג **41** אַיִן
נג **61** עֶבֶד	נג **76** הִנֵּה
נג **50** אֹכֶל	נג **51** אֲנִי
נג **60** אָנֹכִי	נג **81** אֲמָדָה
נג יוֹם	נג **56** כְּלִי

נד	נד
זֶה 53	גַן
מה 270	רַע 12
נָא 31	אֶל 45
כֹּה 340	שָׁם 51
הָר 3	בָא 25
בַת 91	אֵץ 205
340	שֵׁם 402

נה 55	נה 100 הֵן
נה 160 עַל	נה 77 עֵץ
נה 28 עז	נה 290 כח
נה 55 רץ	נה 600 הָלֹךְ
נה 72 שֵׁשׁ	נה 90 חֶסֶד
נה 70 סַל	נה יַיִן

נו	נו
75 יָדַע	84
62 הוֹלֵד	45 לָמָה
75 עוֹד	80 בֵּין
52 מַיִם	90 לַיְלָה
17 אָדָם	45 בְּהֵמָה
313 עָזֹב	79 טוֹב
גָּדוֹל	15 שָׁחֹה

נז	נז
20 מִזְבֵּח	57
78 הַכֵּה	30 הָיֹה
23 אֹהל	36 לֶחֶם
73 בָּנֹה	57 חַיָה
78 אֶבֶן	53 גָמָל
76 אֶלֶה	36 מַבּוּל
דָגָן	57 מוֹל

נח	נח
355 רָאֹה	206
320 זֹאת	408 שָׁנָה
446 קֶבֶר	302 נַעַר
446 דָבָר	206 מָוֶת
351 בְּאֵר	203 שְׁמוֹנִים
393 חֲמִישִׁים	408 נָשא
מַשְׁקֶה	445 שִׁפְחָה

נט מִפְּנֵי 160	נט כֶּסֶף
נט אַתֶּם 213	נט חָרֹה 180
נט מִקְנֶה 250	נט עָפָר 441
נט נָסַע 160	נט נָפַל 195
נט אֱמֶת 309	נט שָׂדֶה 180
נט פָּנִים 214	נט רוּחַ 441
נט 249	נט טֶרֶם 180

ס רוֹעֶה 846	ס תּוֹלְדוֹת
ס לָקֹחַ 227	ס בְּרָכָה 281
ס בַּעֲבוּר 526	ס רְכוּשׁ 138
ס עֶרֶב 316	ס אִשָּׁה 280
ס חוֹדֶשׁ 227	ס זָכָר 272
ס יָשֹׁב 433	ס מִשְׁפָּחָה 318
ס 190	ס פַּעַם 312

Made in the USA
Middletown, DE
01 November 2023